DIRECCIÓN EDITORIAL/MANAGING EDITOR
Carolina Di Bella

EDICIÓN GENERAL/EDITORS:
Henry von Wartenberg
Pablo Vaca

PRODUCCIÓN/PRODUCTION:
Triple Ve Editores
(tripleve@xlnet.com.ar)
ByD Contenidos Editoriales S.A.
(www.bydcontenidos.com.ar)

ARTE Y DISEÑO/ART AND DESIGN:
Juanjo Gómez
(juanjosegomez@fibertel.com.ar)

INVESTIGACIÓN PERIODÍSTICA/RESEARCH:
Nuria Docampo Feijóo y Juan Ignacio Pereyra

TRADUCCIÓN/TRANSLATION:
Celeste Varela

CORRECCIÓN/PROOFREADING:
Aníbal Yuchak

AGRADECIMIENTOS/THANKS TO:
Agrupación Tradicionalista Cacique Yancamil
Horacio Ferrari
Baldomero Braga
Museo de Arte Popular José Hernández,
Dirección General de Museos, Gobierno de la
Ciudad Autónoma de Buenos Aires.
Luis Alberto Flores
Asociación Criolla Argentina:
Presidente Dn. Jorge Daniel Cabrera
Secretario Dr. Patricio E. Digilio
Tesorero Dn. Orlando Armentano

Vaca, Pablo
Aperos criollos
Pablo Vaca y Henry von Wartenberg - 1ª ed.
Buenos Aires: Ediciones B, 2006.
96 p.; 21x21 cm.

ISBN 987-1222-36-X

1. Costumbres Criollas. I. Von Wartenberg, Henry II. Título
CDD 390

Aperos Criollos
Pablo Vaca y Henry von Wartenberg
1ra. edición

Av. Paseo Colón 221, piso 6
Ciudad Autónoma de Buenos Aires, Argentina
www.edicionesb.com

ISBN: 987-1222-36-X

Impreso por Platt Grupo Impresor, Santa María del Buen Aire 456, Buenos Aires – Argentina, en el mes de mayo de 2006.

Queda hecho el depósito que establece la ley 11.723.
Libro de edición argentina

APEROS CRIOLLOS

CRIOLLO TACK AND APPAREL

Fotos/Photographs by:

HENRY VON WARTENBERG

Textos/Texts by:

PABLO VACA

Barcelona • Bogotá • Buenos Aires • Caracas • Madrid • México D.F. • Montevideo • Quito • Santiago de Chile

La estampa clásica del gaucho, su caballo y el horizonte infinito de la pampa. En este caso, el apero es un lomillo porteño chapeado con cabezada de chapones de plata lisa y calada. Se aprecia un sobrepuesto de piel de yaguareté ribeteada de gran lujo *(Colección Agrupación Tradicionalista Cacique Yancamil)*.

Typical picture of the *gaucho*, his horse and the endless horizon of the *Pampas*. In this case, the *apero* is a metal-plated *lomillo porteño* with a fretwork silver headstall. Also, a jaguar leather *sobrepuesto* (cover) with very luxurious adornments can be appreciated (*Colección Agrupación Tradicionalista Cacique Yancamil*).

Izquierda: Detalles de un lomillo chapeado con rosetón central con motivo de ñandú, que permite apreciar el fino trabajo de platería típico del campo argentino. Del mismo juego, a la derecha, boleadoras de marfil engarzadas en plata lisa con tiros de cuero crudo retorcido *(Colección Agrupación Tradicionalista Cacique Yancamil).*

Left: detail of metal-plated *lomillo* in the shape of a rosette with rhea design. The picture allows for the appreciation of fine typical silverwork done in the Argentine countryside. Right: ivory *boleadoras* joined with plain silver and twisted raw leather bands (*Colección Agrupación Tradicionalista Cacique Yancamil*).

Mateando

Un elemento esencial para el criollo: el mate, palabra de origen quechua (mati), que significa vaso o recipiente. Los gauchos comenzaron tomando esta infusión en calabazas. Luego llegaron los mates de plata, oro o cuero grabado con distintas imágenes. *(Colección privada Baldomero Braga).*

A basic element for the *criollo*: the *mate*. The origin of the name is *quechua* (mati), and means glass or recipient. *Gauchos* started to drink *mate* in pumpkins. Then, silver, gold and engraved leather *mates* arrived with different images on them (*Colección privada Baldomero Braga*).

(Colección privada Patricio Digilio). Izquierda, abajo: Estribos de campana en plata fundida y cincelada, del siglo XIX. Abajo: Facón de plata laminada, cincelada y galloneada en oro. Punzón: Juan José Draghi *(Colección Museo de Arte Popular José Hernández)*.

Patricio Digilio). Bottom left: bell stirrups in melted and chiselled silver, from the 19th century. Bottom: laminated and chiselled silver *facón*, coated in gold. Punch: Juan José Draghi (*Colección Museo de Arte Popular José Hernández*).

1. De indios, gauchos y caballos

Cuando el adelantado Don Pedro de Mendoza, enfermo de sífilis y de ambición, fundó Buenos Aires por primera vez en 1536, no imaginaba que no serían ni él ni sus compañeros de aventuras quienes modificarían para siempre el paisaje pampeano, sino que tamaña responsabilidad iba a recaer en las pocas vacas y caballos –y sus descendientes– que traían en sus barcos. Porque los que habrían de dar su fisonomía definitiva a esa inmensa llanura que con el tiempo se conocería como "el granero del mundo", fueron esos animales que consiguieron escapar de la hambruna que hizo abortar aquel primer intento colonizador en el Río de la Plata (vale recordar que esa Buenos Aires fue abandonada y refundada por Juan de Garay –esta vez de manera definitiva– recién en 1580). Libres y multiplicados por decenas de miles, bovinos y equinos se adueñaron del territorio y marcaron el camino y las costumbres de los habitantes que poco a poco irían poblando la región. Aquellas manadas de animales salvajes serían el centro de una disputa que duró siglos entre indios y colonizadores y servirían de capital inicial para el desarrollo económico que llevó a la Argentina a ser potencia mundial a fines del siglo XIX.

Su explotación, además, dio origen al personaje más característico del país: el gaucho. Porque aquellos hombres que entre el 1700 y el 1900 se dedicaron a conquistar la Pampa, conocida entonces también como el Desierto, se transformaron con el correr de los años en arquetipos de hombres de campo, ejes de la gran tradición rural argentina. Y, como todo el mundo sabe, un

1. About indians, *gauchos* and horses

When the spanish explorer Don Pedro de Mendoza, suffering from syphilis and filled with ambition, first founded Buenos Aires in 1536, he did not imagine it was not going to be him nor his adventure comrades who would modify once and for all the landscape of the *Pampas*, but this huge responsibility would actually fall in the few cows and horses –and their offspring– they had brought on their ships. For those who would give its final physiognomy to that immense plain, later known as *"el granero del mundo"* (the world's granary), were those animals that got to survive from the starvation that caused the first colonising attempt to the River Plate to be aborted (it is worth recalling that Buenos Aires was then abandoned and not founded again until 1580 by Juan de Garay, this time definitely). Free and multiplied by dozens of thousands, bovines and horses took on the lands and led the way and customs of the inhabitants that little by little occupied the region. Those herds of wild animals would later be the cause of a dispute that lasted for centuries between indians and colonisers, and would do for the initial capital that allowed for the economical development that made Argentina a world power towards the end of the 19th century.

Furthermore, their exploitation gave birth to the most characteristic figure of the country: the *gaucho*. These men, that between the years 1700 and 1900 devoted themselves to the conquering of the *Pampas* –also known back then as the *Desierto* (Desert)–, became, with the passing of time, archetypes of countrymen, axis in the great rural tradition

La imagen arquetípica del gaucho empleado como peón de estancia a fines del siglo XIX. Siempre junto a su caballo y vestido tal como mandaban las costumbres: calzón, chiripá, rastra, chaqueta, pañuelo, sombrero y poncho, entre otros elementos. *(Foto: Archivo General de la Nación)*

Archetypal image of a *gaucho* employed as a farm worker towards the end of the 19th century. Always together with his horse and dressed up as customs indicated: *calzón*, *chiripá*, *rastra*, jacket, scarf, hat and *poncho*, among other elements *(Picture: Archivo General de la Nación)*.

gaucho no es gaucho sin su caballo. Como el caballo constituye en general la única y más preciada posesión del gaucho, resulta lógico que fuera receptor de los mayores cuidados y atenciones posibles. Así, la confección del conjunto de prendas con que se equipa a la cabalgadura derivó en un verdadero arte. Estos equipos –denominados aperos en varios países sudamericanos– evolucionaron hasta convertirse en piezas complejas y maravillosas, únicas, utilitarias y a la vez símbolos de status, comparables quizás a lo que el automóvil representa para el hombre de hoy. Como bien lo resumió en 1863 el viajero Thomas J. Hutchinson: *"Un gaucho sin su caballo es una cosa imposible. Al mover sus muebles, que consisten en camas, sillas, mesas, ollas y loza, el lomo del caballo sirve para la carga. Los ataúdes se llevan al cementerio atravesados sobre el lomo de un caballo; y uno apenas tendría derecho a sorprenderse si oyese hablar de una especie de semicentauro, que va dormido o cocinando su comida a caballo, especialmente si miramos el cuadro que tenemos delante, de un dentista que opera en las mandíbulas de un pobre diablo, en el que se ve a caballo tanto al paciente como al médico".*

De todos modos, para comprender la tradición del gaucho, es preciso hacer un repaso de la historia del otro gran protagonista humano de esta saga: el indio. Los primeros pobladores aborígenes de la llanura pampeana llegaron desde el Norte y se conocieron como querandíes, patagones y tehuelches, según las distintas regiones donde se instalaron. Estas tribus de nómades y cazadores prácticamente se extinguieron en los siglos XVI y XVII por un doble proceso. Por un lado, los conquistadores blancos las echaron de parte de sus territorios y las diezmaron con enfermedades no conocidas previamente en el continente, como la viruela. Por otro, grupos de

of Argentina. And, as everybody knows, a *gaucho* is not such without its horse. Given that the horse is, generally, the only and most precious possession of the *gaucho*, it seems logical that it receives the best cares and possible attentions. Thus, the design of the group of clothes with which horses are equipped developed into a true art. These equipments, called *aperos* in many South American countries, evolved into complex and wonderful garments, unique, useful and at the same time a status symbol, maybe comparable to what cars are for men nowadays. As traveller Thomas J. Hutchinson described in 1863: *"A gaucho without his horse is something impossible. When moving his goods, consisting of beds, chairs, tables, pots and crockery, horsebacks are used for loading. Coffins are carried to the cemetery laid across a horse's back, and one should hardly be surprised if somebody said some sort of semi-centaur is sleeping or cooking his meal on the back of his horse, especially if we take a look at the picture in front of us, with a dentist operating into the jaws of some poor devil, in which not only the patient can be seen on horseback, but the doctor too."*

Anyway, in order to understand *gaucho* tradition, it is necessary to take a look at the history of the other big figure in this tale: the indians. The first aborigines that crowded the *Pampas* plains came from the North and were known as *querandíes, patagones* and *tehuelches,* according to the different regions on which they settled. These nomad and hunting tribes practically disappeared during the 16th and 17th centuries due to two processes. On one side, white colonisers moved them out of their territories and decimated them with illnesses until then unknown in the continent, such as smallpox. On the other side, groups of indians from Chile –the *araucanos*–, whom the Spanish were never able to conquer, finally

Dos fotografías históricas, de fines del siglo XIX y mediados del XX. Para el gaucho, el apero de su caballo no sólo debía ser práctico: también era un símbolo de status similar, tal vez, al que representa para el hombre urbano de hoy el automóvil. *(Fotos: Archivo General de la Nación)*

Two historical pictures dated from the end of the 19th century and middle 20th. For the *gaucho*, his horse tack was not only to be practical but it was also a family status symbol, maybe comparable to what cars mean for men today *(Pictures: Archivo General de la Nación)*.

Las boleadoras eran el arma de caza por excelencia, tanto del gaucho como del indio. Consisten en dos o tres sogas de cuero, unidas en su centro y rematadas con bolas de piedra, plomo o madera dura, envueltas también en cuero crudo. En este caso se trata de un ejemplo más lujoso, ya que son de marfil con engarces en plata.

Boleadoras were the typical hunting weapon of *gauchos* and indians. They are made of two or three leather ropes, joined in the middle and ended with stone, lead or hard wood balls, covered with raw leather. This picture shows a very luxurious set, made in ivory with silver joints.

indios llegados desde Chile, los araucanos, a quienes los españoles no consiguieron dominar nunca, terminaron de someterlas cultural y geográficamente.

Los araucanos, o *mapuches*, como se llamaban a sí mismos, se encontraron en la Pampa con el caballo, que les dio movilidad, y con el ganado bovino, que les aseguró la subsistencia. A su vez, aquellos araucanos de estirpe guerrera, que se instalaron en la llanura y se mezclaron con los antiguos querandíes y tehuelches, fueron conocidos con el tiempo como *ranqueles*, o "gente del carrizal". Y su relación con el hombre blanco –el *huinca*– marcó el curso de la historia criolla.

Los ranqueles eran seminómadas y en algunos casos llegaron a practicar la agricultura y la alfarería. Además, tenían la tradición de trabajar algunos metales, especialmente la plata. En tiempos de paz solían comerciar con las poblaciones blancas, pero su actividad económica más importante consistía en arrear el ganado vacuno salvaje de la Pampa a Chile. Cuando los colonizadores comenzaron a expandirse, el choque para determinar la propiedad de tierras y manadas resultó inevitable.

Desde la independencia argentina, en 1816, varios fueron los intentos del gobierno de Buenos Aires por incorporar a su economía el dominio de los inmensos territorios indios. El caudillo bonaerense y gobernador Juan Manuel de Rosas, a la vez el estanciero más importante del país, hizo los primeros intentos serios por ocuparse del tema. Si bien por un lado estableció una tregua con los indios, apenas tuvo los recursos organizó en 1832 una gran expedición al "Desierto", que llevó la frontera hasta Carmen de Patagones, en el sur de la actual provincia de Buenos Aires. Por esa misma época, en 1826, el Congreso había dictado la Ley de Enfiteusis, por la cual el Estado entregaba, de manera casi gratuita, la tierra ganada al indio. Desde 1824 a 1827, en

submitted them culturally and geographically.
The *araucanos*, or *mapuches*, as they called themselves, met in the *Pampas* with the horse, which gave them mobility, and with the cattle, which ensured them sustenance. At the same time, those warrior *araucanos*, who settled on the plains and mingled with the old *querandíes* and *tehuelches*, later on became to be known as *ranqueles*, or *"gente del carrizal"* (peoples from the reeds). And it was their relation with white men –the *huinca*– that led the way to *criollo* history. *Ranqueles* were semi nomad and, in some cases, they got to practise agriculture and pottery. Besides, they used to work some metals, especially silver. During peaceful times, they traded with white people, but their most important economical activity consisted in driving wild cattle from the *Pampas* to Chile. When colonisers started to expand, the conflict to determine property over lands and herds was inevitable.
Ever since Argentine independence, in 1816, the government of Buenos Aires had made many attempts to add to its economy the domain over the huge indian territories. Juan Manuel de Rosas, leader and governor of the province of Buenos Aires, who was at the same time the most important landowner of the country, made the first serious attempts to make it happen. Although he called a truce with the indians, no sooner he had the resources that he organised a huge expedition in 1832 to the *"Desierto"* (Desert), which resulted in the extension of the frontiers to Carmen de Patagones, in the south of the present province of Buenos Aires. Around that same time, in 1826, Congress had proclaimed the *Enfiteusis Law*, through which the State shall give, almost for free, the lands taken away from the indians. From 1824 to 1827, in only three years, 2.270.471 hectares were handed over.
At the same time, a sort of *criollo-wise* "industrial revolution"

apenas tres años, se entregaron 2.270.471 hectáreas.

Al mismo tiempo, se produjo una suerte de "revolución industrial" a la criolla: la explotación vacuna cambió de raíz con el nacimiento del saladero, una primitiva industria de conservación de la carne, convertida en tasajo (carne seca y salada). Gracias a la salazón de la carne, que se exportaba como alimento para los esclavos de Cuba y Brasil, los ganaderos comenzaron a aprovechar el animal de manera integral, del que hasta ese momento se usaba sólo el cuero, desechándose el resto. Las estadísticas dan idea de la explosión de este fenómeno económico: en 1823 se sacrificaron 58.627 novillos y, apenas un año después, 86.570.

De todos modos, seguía siendo un peligro cruzar el río Salado, a unos 150 kilómetros de la capital, por la presencia india. Recién en 1879 el general Julio Argentino Roca, luego dos veces presidente de la Nación, venció definitivamente a ranqueles y mapuches –gracias al fusil Remington y al telégrafo, entre otros adelantos tecnológicos– y sumó 605.000 kilómetros cuadrados de tierra a la producción. Ésta sería la base del proyecto agroexportador que impulsaría el extraordinario desarrollo del país en aquellos años.

Entre 1881 y 1912 las exportaciones agropecuarias se multiplicaron por diez y la población de la Argentina pasó de dos a ocho millones de habitantes. En las ricas tierras pampeanas, razas británicas de ovinos y bovinos comenzaron a alimentarse en tierras cubiertas en parte de pasturas artificiales. Sus carnes se exportaban congeladas o enfriadas a los mercados más exigentes de Europa y la producción de reproductores finos alcanzó un notable desarrollo. Llegaban el tren, las trilladoras, el alambre de púas... el progreso. En 1883 se exportaron 7.500 reses de ganado ovino. Seis años

took place: bovine exploitation changed radically with the birth of the saltery, a primitive industry for the preserving of meat, turned into jerked meat (dried and salted). Thanks to the salting of the meat, which was exported to feed Cuban and Brazilian slaves, cattlemen started to exploit the animal entirely; so far, only the leather was used, throwing the rest away. Statistics show the outburst of this economical phenomenon: in 1823, 58.627 young bovines were slaughtered and, only a year after, 86.570.

Anyway, the crossing of the Salado River, located around 150 km away from the capital city, continued to be a risk due to indian presence. It was not until 1879 that general Julio Argentino Roca, later twice president of the Nation, defeated once and for all *ranqueles* and *mapuches* (thanks to the Remington rifle and the telegraph, among other technological innovations) and added 605.000 square kilometres of lands for production. This would be the basis of the exporting project that motivated the extraordinary development of the country back then.

Between 1881 and 1912, agricultural exports multiplied by ten and Argentina's population increased from two to eight million of inhabitants. On the rich lands of the *Pampas*, British-bred sheep and cattle started to feed themselves on lands partially covered with artificial pastures. Their meat, frozen or chilled, was exported to the most demanding markets in Europe and the production of fine breeders reached a remarkable development. Then it came the train, the threshing machine, the barbed wire....progress was approaching. In 1883, 7.500 head of sheep were exported. Six years later, in 1889, it increased to 2.500.000.

And the person in charge of doing this job was the *gaucho*. He dealt with the branding, breaking-in, shearing, driving and slaughtering of the animals, among

Un acabado ejemplo de recado litoraleño con sirigote de suela y faldas con puntera de piel de tigre. Se destacan su cojinillo de hilo blanco con sobrepuesto de perico ligero y el sable caronero, con cabo de plata galloneado y hoja de acero de origen alemán *(Colección Agrupación Tradicionalista Cacique Yancamil).*

A perfect sample of a *recado litoraleño* with sole *sirigote* and tiger hide skirts. The cushion in white thread stands out together with the light parakeet cover and the *caronero* sword, with its silver coated handle, and its German steel blade (*Colección Agrupación Tradicionalista Cacique Yancamil*).

después, en 1889, nada menos que 2.500.000.

Y el encargado de realizar todo ese trabajo fue el gaucho. Él se ocupó de yerras, domas, esquilas, arreos, mataderos y otras tareas campestres. Sin embargo, sería un gran error hablar del gaucho genéricamente, como un exponente único, ya que la población rural no respondía a un paradigma uniforme. Los estudiosos de la tradición criolla distinguen distintos tipos de pobladores rurales en el siglo XIX. En su mayoría eran peones o trabajadores de las estancias, sedentarios y ordenados. Aprendían a montar antes que a caminar pero vivían en la "civilización". Por otro lado estaban los otros dos tipos de gaucho que más contribuyeron a la leyenda, los que para la clase dominante argentina encarnaron a la "barbarie". Primero, el gaucho errante, aquel que no tenía trabajo fijo y que hacía un culto de la libertad. Vagaba por los campos, cazaba para comer (solía matar vacas salvajes y consumir sólo la lengua), dormía a cielo abierto junto a su caballo y, si trabajaba, lo hacía circunstancialmente. Baquiano y rastreador, parecía hijo del paisaje. Finalmente, existió el gaucho rebelde, alzado, reflejado para la eternidad por José Hernández en el poema *Martín Fierro*. Era el desclasado, el *outlaw*, la versión sudamericana del *cowboy* norteamericano de Hollywood. Su vida resultaba una fuga permanente, perseguido por sus duelos a cuchillo o por negarse a formar parte del Ejército (destino que compartieron todos los tipos de gaucho, ya que las levas obligatorias se multiplicaron durante el siglo XIX para conformar los ejércitos que pelearon por la independencia o en las guerras civiles de esa época). Encontró su refugio, muchas veces, en las tolderías indias, y por eso su figura también funcionó como nexo entre culturas.

Indios y gauchos, finalmente, compartieron el tercer personaje clave de esta historia: el caballo criollo. Todos

other rural tasks. However, it would be a big mistake to talk about *gauchos* in a generic way, as a unique exponent, since rural population did not correspond to a uniform paradigm. Researchers of *criollo* tradition distinguish different types of rural peoples in the 19th century. The majority of them were labourers or farm workers, sedentary and organised. They learned how to ride before they could walk, but they lived in the "civilization". But there were two other types of *gauchos*, those that most contributed to legend and were considered as the "savagery" by the dominant social class of Argentina. On one hand, the "wandering" *gauchos*, those who did not have a permanent job and worshiped freedom. They wandered around the fields, hunted for food (they used to kill wild cows and eat only their tongue), slept out in the open with their horse and if they worked, they did it incidentally. Perfect guides and trackers, they seemed to belong to the landscape. On the other hand, the rebel and wild *gauchos*, the ones for ever depicted in the poem *Martín Fierro* by José Hernández. They did not belong to any social class, they were the "outlaws", the South American version of the Hollywood cowboys. They lived constantly escaping, chased due to knife duels or for denying to take part in the Army (fate that all types of *gaucho* had to face, since compulsory levies got multiplied all along the 19th century in order to make up the forces that fought for the independence or in the civil wars of that period). Many times they found shelter in indian camps, and this is why they also functioned as a nexus among different cultures.
Finally, indians and *gauchos* shared the third key character in this tale: the *criollo* horse. All of them found the horse to be their most important tool and best companion. On horseback is how they fought,

ellos tuvieron en el caballo a su gran herramienta de trabajo y a su gran compañero. De a caballo se combatió, se pobló y se trabajó en la Argentina.

Entre sus características esenciales, el caballo criollo se destaca por su resistencia. Probablemente no haya otra raza equina comparable a la criolla en este aspecto. De contextura pequeña (no supera el metro y medio de alzada), pecho ancho, espaldas fuertes, grupa inclinada y cuartos traseros musculosos, el criollo derivó de aquel cargamento de 47 sementales y yeguas andaluces importados por Pedro de Mendoza. Ágil, sensible e inteligente, capaz de sobrevivir en las condiciones más difíciles, el criollo terminó de cimentar su fama con el conocido viaje de Gato y Mancha: en 1925, el profesor Aimé Tschifelly y sus dos caballos hicieron 21.500 kilómetros entre Buenos Aires y Nueva York, atravesando montañas, selvas y desiertos durante tres años y en perfecto estado de salud (de hecho, Gato y Mancha vivieron más de treinta años cada uno). Gauchos e indios no podían menos que elevar a categoría de arte la "vestimenta" de su bien más preciado.

Hoy, los aperos criollos son sinónimo de tradición, y los concursos para premiar a quien presente las mejores "pilchas" se multiplican a lo largo del país, atrayendo por igual a hombres de campo y a turistas. De estas competiciones, tal vez la más conocida sea la que se realiza en la tradicional exposición de la Sociedad Rural, en Palermo, Buenos Aires. En este concurso anual de *jinetes aperados* se juzga tanto al caballo como a la presencia del jinete. Hay varias categorías: Lomillos de soga, Lomillos chapeados, Bastos de soga, Pasadores, Bastos chapeados, Picazos (aperos con partes de cuero y partes de plata), Amazonas (para mujeres, que montan al viejo estilo, con las dos piernas a un lado) y Aperos regionales.

settled and worked in Argentina.

Among its main characteristics, the *criollo* horse stands out for its endurance. There is probably no other equine breed that can be compared to the *criollo* in this aspect. Small in size (no more than a meter and a half high), with a wide chest, strong back, rounded croup and well-muscled back legs, the *criollo* came from that group of 47 Andalusian stallions and mares imported by Pedro de Mendoza. Agile, sensitive and intelligent, and able to survive even in the hardest conditions, the *criollo* finished laying the foundations for its reputation with the well known trip of *Gato* and *Mancha* (Cat and Stain): in 1925, professor Aimé Tschifelly and his two horses travelled 21.500 kilometres between Buenos Aires and New York, through mountains, forests and deserts for three years and in perfect conditions (in fact, *Gato* and *Mancha* lived more than 30 years each). In view of the circumstances, *gauchos* and indians could not do less than turning into an art the "clothing" of their most precious good.

Today, *criollo* riding gear is synonymous with tradition, and contests to award the one that better presents the best *"pilchas"* (clothing) multiply all along the country, attracting equally countryside men and tourists. Out of these competitions, maybe the best known is the one that takes place in the traditional exhibition carried out in the *Sociedad Rural*, in Palermo, Buenos Aires. In this annual contest of *jinetes aperados* (equipped riders), not only the horse is evaluated but also the rider's appearance. There are many categories: *Lomillos de soga, Lomillos chapeados, Bastos de soga, Paseadores, Bastos chapeados, Picazos* (riding gear made with leather as well as silver), Sidesaddles (or *Amazonas*, for women who ride old style, with both legs on one side of the horse) and Regional riding gear.

En las páginas anteriores, un rosetón lateral de un recado pampa, cincelado con una figura humana en relieve. Este tipo de platería, pampa o araucana, de singular belleza, era realizada en general por plateros indígenas. A la izquierda, boleadoras de piedra retobadas con esterilla de tientos de cuero de potro y engarzadas en plata *(Colección Agrupación Tradicionalista Cacique Yancamil).*

On the previous pages, a side rosette from a *Pampas recado*, chiselled with a human figure in relief. This type of *pampa* or *araucano* silverwork, of a particular beauty, was generally done by indian silversmiths. Left: stone *boleadoras* wrapped with colt leather strings and joined with silver (*Colección Agrupación Tradicionalista Cacique Yancamil*).

El recado litoraleño en su versión más completa. El gaucho Juan Flores exhibe orgulloso uno de los ponchos más antiguos de la Argentina: a listas y confeccionado con técnica jesuítica *(Colección Agrupación Tradicionalista Cacique Yancamil).*

A complete version of a *recado litoraleño*. The *gaucho* Juan Flores exhibits, proudly, one of the oldest *ponchos* in Argentina: striped and done using Jesuitical techniques (*Colección Agrupación Tradicionalista Cacique Yancamil*).

Dos ejemplos de cabezadas diferentes, pero igualmente bellas. A la izquierda: cabezada de chapones de plata lisa y calada, con fiador y menea haciendo juego. A la derecha: cabezada de trenza patria con freno de hierro criollo *(Colección Agrupación Tradicionalista Cacique Yancamil)*.

Two different, but equally beautiful, headstalls. Left: fretwork and plain silver headtsall, with safety catch. Right: native plaited headstall with *criollo* iron bit (*Colección Agrupación Tradicionalista Cacique Yancamil*).

Un sirigote chapeado completo, sin ensillar y muy lujoso. Uno de sus más destacados detalles es el freno de plata con argollas y bocado de hierro, con patas de plata fundida con motivos de ángeles con escudo *(Colección Agrupación Tradicionalista Cacique Yancamil).*

A complete metal-plated *sirigote*, not saddled and very luxurious. One of its most outstanding details is the silver bridle with rings and iron bit, with melted silver checks and angels on them (*Colección Agrupación Tradicionalista Cacique Yancamil*).

Dos detalles del sirigote chapeado. El sirigote se distingue de los otros lomillos porque tiene arzones más altos y más grandes. Además, este tipo de monturas lucen punzones de talabarterías de su misma zona de influencia: poblaciones ribereñas de la Argentina, Brasil y Uruguay.

Details of a metal-plated *sirigote*. A unique characteristic of the *sirigote* is that it has higher and bigger *arzones*. Besides, this type of saddle shows punches done in saddleries of a same region: riverside populations from Argentina, Brazil and Uruguay.

En la página anterior, un par de estribos con estriberas en plata fundida, repujada y cincelada, de principios del siglo XX *(Colección Museo de Arte Popular José Hernández)*. A la izquierda: boleadoras de piedra retobadas en cuero de iguana. Derecha: antiguos estribos de hierro campana *(Colección Agrupación Tradicionalista Cacique Yancamil)*.

On the previous page, a pair of melted silver stirrups, engraved and chiselled, dated from the beginnings of the 20th century *(Colección Museo de Arte Popular José Hernández)*. Left: stone *boleadoras* wrapped with iguana leather. Right: old iron bell stirrups (*Colección Agrupación Tradicionalista Cacique Yancamil*).

Accesorios casi obligatorios para el gaucho: un cuchillo de cintura con cabo de plata y vaina picaza, un rebenque con cabo de plata y oro, de 1946, que perteneció al famoso jockey Salvador Di Tomaso. Además, estribos braseros con cañas octogonales sobre un poncho pampa realizado bajo la técnica de ikat *(Colección privada Patricio Digilio).*

Basic apparel of the *gaucho*: a waist knife, with silver handle and *picazo* blade and a riding crop, in silver and gold, dated from 1946 and owned by Salvador Di Tomaso (a very famous rider during the golden years of national turf). There are also a pair of metal stirrups with octagonal straps over a *poncho pampa* done with the *ikat* technique (*Colección privada Patricio Digilio*).

Izquierda: coloridas mantas o matras pampa de manufactura aborigen. A la derecha: recado de lomillo de soga, con carona de cuero de vaca con pelo y sobrepuesto de cuero de ñandú. Fiador de trenzas patrias paralelas con cabezada haciendo juego *(Colección Agrupación Tradicionalista Cacique Yancamil).*

Left: coloured *matras* (blankets) done by aborigines. Right: *recado de lomillo de soga*, with a cow leather *carona* (fender) and rhea leather *sobrepuesto* (cover). Also, plaited native safety catch with headstall (*Colección Agrupación Tradicionalista Cacique Yancamil*).

El estribo, como las otras piezas del apero, variaba de acuerdo a la capacidad económica de su propietario y al uso que se le daba. Estaba el humilde estribo de botón o el de madera, donde el gaucho apoyaba los tres dedos que asomaban por sus botas de potro, hasta ejemplos como este lujoso estribo de plata, con monogramas de oro con las iniciales de su dueño.

The stirrups, like other parts of the *aperos*, varied according to the financial status of its owner and their use. Many can be found: from the humble button stirrups or those done in wood, where the *gaucho* would put his three toes sticking out of the colt boots, to these luxurious silver stirrups, with golden monograms of the owner's initials.

Detalles de un antiguo lomillo de soga porteño, con cincha y encimera de cuero muy fino, motivo de flor de lis, azotadora de cuero crudo con agarradera de plata y freno criollo o de candado de argolla rígida. En la página siguiente, el mismo lomillo ensillado. Los estribos campana son de hierro y las riendas de trenzas redondeadas de 24 tientos y dos argollas *(Colección Agrupación Tradicionalista Cacique Yancamil).*

Antique *lomillo de soga porteño*, with thin leather girth and top, a fleur-de-lis design, raw leather whip with silver handle and *criollo* bit or rigid ring padlock. Next page: The same old *lomillo de soga porteño* saddled up. Bell stirrups are iron-made and plaited round reins are done with 24 strings and two rings (*Colección Agrupación Tradicionalista Cacique Yancamil*).

2. Evolución y partes del apero criollo

Para el recién llegado al mundo de los aperos criollos, vale una aclaración semántica. Excepto en la región pampeana, se llama *apero* al conjunto de prendas con que se enjaeza el caballo o la mula utilizados como cabalgadura. En Buenos Aires, aperos son los arneses o guarniciones de los animales de tiro. Se los conoce como *avíos* en las provincias cuyanas y como *calchas* en Corrientes. Pero muchas veces se verá que hoy se suelen utilizar las palabras *apero* y *recado* como sinónimos. Para ser estrictos, *recado* cuenta con dos acepciones: en el Sur es la silla criolla completa, mientras que en el resto del territorio a este conjunto se lo denomina *apero*, reservándose la palabra *recado* para designar, exclusivamente, a la silla propiamente dicha.

Las piezas que lo componen fueron ya bien descritas en 1847 por William Mac Cann en su *Viaje a caballo por las provincias argentinas*: *"Las riendas son de cuero crudo, trenzado, muy fuerte, y el freno de manufactura inglesa, aunque de modelo español. Mi apero estaba formado de las siguientes piezas: primero, un cuero de oveja colocado directamente sobre el lomo del caballo; luego una manta de lana, doblada, que puede servir de abrigo al jinete y va cubierta de otro cuero sin curtir*

2. Parts and development of the *criollo* tack

For those who are not yet quite familiarised with the world of the *criollo* tack and apparel, it is worth a semantic clarification. Except for the *Pampas* region, the word *aperos* is used to designate the group of clothes with which a horse o mule is equipped for mounting. In the province of Buenos Aires, *aperos* refers to the saddlery or equipment of the draught animals. They are called *avíos* in the *Cuyo* region and *calchas* in the province of Corrientes. Nevertheless, it can be noticed that very often the words *apero* and *recado* are used as synonyms. If we go into further detail, the word *recado* has two meanings: in the South it designates the whole of the *criollo* tack, while in the rest of the territory this is called *apero*, and *recado* is only used to refer to the saddle itself. The parts that make it up were already well described in 1847 by William Mac Cann in his *"Viaje a caballo por las provincias argentinas"* (Ride through the Argentine provinces): *"Reins are made of a very strong raw plaited leather, and the bit is English-made but with a Spanish design. My* apero *was made up by the following parts: first of all, a piece of sheep leather put directly on the horseback; then, a folded wool blanket, which could be used as a coat by the horseman, that had another piece of untanned leather above it to protect it from water; on top*

El primer tipo de apero que se popularizó en la Argentina fue el lomillo. En este caso es de suela con faldas repujadas, cincha esterillada con tientos de cuero de potro y boleadoras de marfil engarzadas en plata lisa *(Colección Agrupación Tradicionalista Cacique Yancamil).*

The first popular type of *apero* in Argentina was the *lomillo*. In this case, it is done in sole with embossed skirts, its girth with colt leather strings and it has ivory *boleadoras* joined with plain silver (*Colección Agrupación Tradicionalista Cacique Yancamil*).

Con el tiempo, el lomillo dejó paso al recado de bastos. Este es un basto porteño de soga, con cincha y encimera de cuero crudo, decorada con motivos florales y argollas de plata lisa. Las espuelas y estribos son de hierro *(Colección Agrupación Tradicionalista Cacique Yancamil).*

With the passing of time, the *lomillo* was replaced by the *recado de bastos.* This is a *basto porteño de soga*, with raw leather girth and top, decorated with flowers and plain silver rings. Spurs and stirrups are iron-made (*Colección Agrupación Tradicionalista Cacique Yancamil*).

para defenderla del agua; después un cobertor espeso de lana, fabricado en Yorkshire, con largas borlas colgando de las esquinas. Esta pieza se dobla cuidadosamente y va cubierta de una carona de suela, bastante amplia, que protege todo lo demás de la humedad y la lluvia; los bordes y extremos de esta última tienen ribetes estampados primorosamente con dibujos ornamentales. Todas estas prendas equivalen al simple mandil que se pone bajo la silla inglesa. Luego viene lo que puede llamarse el eje de la silla, fabricado de madera y cuero. De él suspenden los estribos: forma como un asiento plano, algo curvo, para adaptarse al lomo del caballo. Todo este equipo se asegura con una cincha de cuero crudo, ancha, de doce a catorce pulgadas. La silla va cubierta para mayor comodidad, y para proveer al jinete de almohada para la noche, con una piel de oveja cuya lana se tiñe de un púrpura brillante; sobre ella colocan un cobertor liso, parecido a esas alfombrillas de lana con flecos que adornan el piso en las salas de Inglaterra; encima va una pieza de cuero delgado y muy blando, sobre la que se sienta el jinete. Por último, el conjunto se asegura con otra cincha de cuero ornamentado". Como el propio cronista reflexiona, semejante equipo, que sobrepasa los veinte kilos, *"sumado al peso del jinete, forma una carga considerable, aun para cabalgaduras fuertes, cuando se trata de un viaje largo y hecho con alguna prisa".*

En verdad, el gaucho argentino, al igual que sus congéneres uruguayos y del Sur de Brasil, no hizo más que adaptar a sus costumbres y necesidades la clásica silla de montar andaluza, de altos *arzones* (las partes

of that, it had a thick wool blanket, manufactured in Yorkshire, with long tassels hanging from its corners. This piece was carefully folded and covered with a quite big sole carona (fender) *that protects everything else from humidity and rain; its borders and ends have adornments carefully printed with decorative designs. All these clothes are the equivalent to the simple saddlepad that is put under the English saddle. Then comes what can be called the axis of the saddle, made of wood and leather. Stirrups hang from it and it constitutes a sort of plain seat, somewhat curved, that conforms to the horse's back. All this equipment is secured with a twelve to fourteen wide raw leather girth. The saddle is covered, to provide more comfort and allow the horseman to use it as a pillow during the night, with a piece of sheep skin with its wool dyed in a brilliant purple colour; on top of it, a sort of plain blanket is put, which looks much like those wool mats with fringes that decorate the floors in English rooms. Then, a very thin and soft piece of leather is put, on which the horseman sits. Finally, the whole of the equipment is secured with another ornamented leather girth."* As the chronicler himself concludes, such an equipment, that exceeds the 20 kilos, *"added to the weight of the horseman, represents a considerable burden, even for strong animals, when it comes to a long trip and if done with some hurry."*

Actually, the argentine *gaucho*, just like his Uruguayan and South Brazilian fellows, simply adapted to his costumes and needs the classic Andalusian saddle, with high *arzones* (front and back parts, also called *borrenes*). G*auchos* needed an equipment that could be used as a

delanteras y traseras, también llamadas *borrenes*). El gaucho precisaba de un conjunto que le sirviera de hogar en las noches a la intemperie y por ello sumó mantas (llamadas *matras*) para taparse o a modo de colchón, y *caronas* (o caparazones) de cuero o suela que ofrecían aislamiento del piso o, en caso extremo, como techo para la lluvia. Las caronas, impermeables, tenían el doble propósito de resguardar al conjunto del sudor del caballo y del agua de lluvia mientras se montaba. Pero además, la geometría de la silla se modificó de acuerdo a la geografía pampeana: los *arzones* altos, útiles para que el jinete no se moviera hacia adelante o hacia atrás al cabalgar en terrenos montañosos, se aplanaron para permitir que el gaucho pudiera desensillar más fácilmente en caso de que su caballo al galope rodara al meter una pata en alguna de las cuevas de animales tan comunes en la llanura, como las vizcacheras. Por supuesto, en las zonas donde predomina la montaña, como en el Norte o el Oeste argentino, los *arzones* siguieron siendo altos.

Todo el conjunto, con el tiempo, se fue sofisticando. Cada pieza de cuero fue delicadamente trabajada; cada tejido se hizo más elaborado y complejo; cada fragmento de metal terminó ornamentado artesanalmente. Y al recado propiamente dicho –lo que el lego llamaría *montura*– se sumó, como parte integral del apero, el juego de cabezada del caballo, de cuero crudo o plata, que algunos llaman el *soguerío* y que incluye la cabezada que sostiene el freno propiamente dicho, las riendas, el cabestro y el pretal. Otras prendas *(pilchas)* pasaron también a formar parte del conjunto: el lazo, las

home in the nights spent out in the open, and this is why they added blankets (called *matras*) to cover themselves or use as mattress, and leather or sole *caronas* (or shells) to provide them with isolation from the floor or, in extreme cases, use as shelter from the rain. *Caronas* (fenders), which were waterproof, had the double function of protecting the equipment from the horse's sweat as well as from the rains while riding. Furthermore, the geometry of the saddle was modified according to the geography of the *Pampas*: high *arzones*, useful to prevent horsemen from moving forward or backwards while riding on mountainous terrains, were flattened in order to allow the *gaucho* unsaddle more easily in case his horse fell down by putting a leg into an animal cave, so common in the plains, such as the ones of the viscachas. Of course, in regions where mountains predominate, such as the North or West of Argentina, *arzones* continued to be high. The whole of the equipment, with the passing of time, became more and more sophisticated. Each piece of leather was carefully elaborated; each fabric became more complex and intricate; each metal accessory was ornamented using traditional methods. Moreover, another component was added to the *recado* itself (what the layman would call *montura* –saddle–) as an integral part of the *apero*: the bridles of the horse, made of raw leather or silver, known by some people as the *soguerío*, and which includes the headstall that holds the bit, the reins, the halter and the breast collar (girth that is tightened to the horse's chest). Other garments were also added to the equipment: the lasso, the *boleadoras* (two or three stones tied with ropes which were used for hunting), the spurs,

Esta suerte de corte transversal de un recado permite descubrir la gran cantidad de elementos que lo componen y su utilidad, desde la silla propiamente dicha, a las mantas usadas como colchón o frazadas y las caronas, que funcionaban como protección ante la lluvia, como aislante del suelo y también evitaban mojarse con el sudor del caballo.

This sort of crosswise cut of a *recado* allows for the discovery of the great amount of elements that constitute it and their utility: from the saddle itself, to the blankets used as mattresses or covers, and the *caronas* (fenders), that provided protection from the rains, isolation from the floor and prevented the rider from getting wet with the horse's sweat.

El detalle de un recado de bastos porteño de soga permite ver la carona de suela ricamente decorada y repujada con un motivo de estrella federal y hojas, más la carona de cuero de yaguareté y una boleadora de piedra retobada en cuero crudo *(Colección Agrupación Tradicionalista Cacique Yancamil).*

Details of a *recado de bastos porteño de soga.* The picture allows to see a *carona* (fender) done in a finely decorated sole and embossed with a national star and leaves design. Also, a jaguar leather *carona* (fender) can be seen, together with a stone *boleadora* wrapped in raw leather (*Colección Agrupación Tradicionalista Cacique Yancamil*).

boleadoras (dos o tres piedras unidas por sogas que se usaban para cazar), las espuelas, las alforjas, la manea (para inmovilizar al caballo si no existía palenque donde atarlo), el rebenque y hasta los cuchillos del gaucho, entre otros elementos.

Es interesante escuchar la voz de otro viajero británico, T. Woodbine Hinchliff, quien en 1861 relata su punto de vista sobre el recado y las prendas de plata: *"Cualquiera sea la opinión que se tenga sobre las ventajas de las sillas de montar, pienso que, sin duda, las riendas criollas y las cabezadas de cuero trenzado son infinitamente mejores que nuestras riendas de suela. La fuerza del cuero crudo que usan es enorme y el trenzar los tientos finos es un arte en el que los gauchos sobresalen particularmente y en el que muestran verdadero buen gusto. Las mejores riendas están hechas de esta manera, en fragmentos unidos por fuertes argollas de pura plata; y la misma belleza del trabajo hace que las riendas resulten caras; pero quien las compra puede estar seguro de que le durarán para siempre. El freno criollo es muy fuerte y mortificante; la moda es llevarlo también de pura plata; lo mismo puede decirse de las espuelas, que yo he visto hechas del mismo material y con peso de tres libras cada una. Las rodajas son de casi seis pulgadas de diámetro. En rigor, el caballo con sus avíos y ornamentos es el gran hobby de los sudamericanos y no se miran mucho en pagar lo que les parece bien hecho. En cuanto al caballo mismo, es bastante barato en el campo y aun en las ciudades..."*

Para dar una idea de hasta dónde avanzó el lujo en los aperos, basta decir que todo lo que podía ser de

the saddlebags, the *manea* (to paralyse the horse in case there were no fences to tie it), the riding crops and even the knives of the *gaucho*, among other elements.

It is interesting to hear the voice of another British traveller, T. Woodbine Hinchliff, who, in 1861, gave his point of view about the *recado* and its silver components: *"Whatever my opinion over the advantages of saddles, I think that, without any doubt,* criollo *reins and plaited leather headstalls are by far better than our sole reins. The force of the raw leather used is huge, and the plaiting of the fine leather strings is an art in which* gauchos *particularly stand out and show real good taste. The best reins are made this way, in parts, joined by pure silver strong rings; and the beauty of the job itself makes the reins to be expensive, but whoever buys them can be certain they will last for ever. The* criollo *bit is really strong and distressing and the fashion trend is to use it also in silver. The same can be said about the spurs, which I have seen made of the same material and with a weight of three pounds each. Slices are almost six inches in diameter. Strictly speaking, the horse together with its gear and ornaments is the big hobby of South American people, and they do not hesitate over paying for what they think is well done. Regarding the horse itself, it is quite cheap in the countryside as well as in the cities..."*

In order to give an idea of the importance of luxury in the design of the *aperos*, it is enough to say that everything that could be done in metal was made of silver or nickel silver, *caronas* (fenders) initially made of cowhide started to be done in jaguar leather, and the *sobrepuesto* (cover) with rhea or capybara leather, or velvet: in Argentina's countryside, a horse tack revealed

metal era de plata o alpaca, la carona de vaca pasó a ser de yaguareté y, el sobrepuesto, de ñandú, carpincho o terciopelo: en el campo argentino, el apero del caballo revelaba –y revela– la jerarquía del dueño.

De todas las piezas que componen el conjunto de arreos de montar, el más característico elemento desde mediados del siglo XVII hasta fines del siglo XIX fue el *lomillo*, silla de estructura rígida compuesta por gruesos bastos con arzones bajos, y forrada en su parte superior con suela. En realidad, el lomillo deriva de la albarda, una montura utilizada para la carga, formada por dos cilindros o bastos rellenos de junco unidos por cabezales de madera (cuya versión de lujo era en plata) y que terminó desplazando las anteriores sillas de montar importadas de Europa.

Como el peso del jinete sobre el lomo del caballo era vertical y el de la carga, lateral, se realizaron cambios para no lastimar al animal. Se reforzó la protección debajo de los bastos con la carona y debajo de ésta varios jergones, mantas o matras de lana. Luego se agregó otra carona de suela grabada, que permitió transportar matras más finas, e incluso las mudas de ropa del gaucho sin que se mojara con el sudor del caballo. Otra característica distintiva del lomillo es que el recado se ubica en el medio del lomo y se cincha en la panza, al igual que la albarda, contrariamente a las sillas europeas, que se colocan sobre la cruz del animal y se cinchan hacia adelante sobre el esternón del caballo. Como se dijo antes, para hacer más cómodo el asiento se recurrió posteriormente a cueros de oveja con lana, llamados cojinillos o pellones, a los que se cubrió con un sobrepellón o

–and still reveals– its owner's hierarchy.
Out of all the parts that constitute the riding gear, the most characteristic element between the middle of the 17th century and the end of the 19th, had been the *lomillo*, a rigid saddle with wide *bastos* and low *arzones*, covered with sole. Actually, the *lomillo* derives from the packsaddle, used for loading, made up of two cylinders or *bastos* filled with reed and joined by wood horns (the luxury edition was done in silver). This ended up displacing previous saddles imported from Europe.
Since the weight of the horseman was vertical and the burden's horizontal, some changes were implemented so as not to hurt the animal. Protection under the *bastos* was reinforced with *caronas* (fenders), and under these several rough cloths, blankets or *matras* were added. Later on, another engraved sole *carona* (fender) was added, which allowed for the transport of thinner *matras* (blankets), and even the *gaucho's* clothes could be carried without getting wet with the horse's sweat.
Another distinctive characteristic of the *lomillo* is that the saddle itself is located in the middle of the horse's back and tied down onto its belly, just like the packsaddle, and contrary to European saddles that are put on the withers of the animal and tied forward over the horse's breastbone. As it was said before, in order to make the seat more comfortable, sheep leather with its wool started to be used. They were called *cojinillos* or *pellones* (cushions), and they were covered with a *sobrepellón* or *sobrepuesto* (cover) made of velvet or deer leather.
However, in the last third of the 19th century, the *lomillo* fell into disuse in the *Pampas* plain and was replaced by

En primer plano, un facón caronero. Por su gran tamaño, era imposible portarlo encima, por lo que el gaucho lo llevaba encajado entre las caronas del recado (de ahí su nombre). La hoja se hacía generalmente con un sable o bayoneta.

In the foreground, a *facón caronero*. Due to its big size, it was impossible to carry it as smaller *facones*, and this is why *gauchos* carried it among the saddle's *caronas* –fenders– (fact that gave origin to its name). Blades were generally done with a sabre or bayonet.

Estribo típicamente araucano, de arco y una portezuela fija en la pisada. En el ojo aparece una figura antropomorfa, mientras que las estriberas son de pasadores rectangulares de chapones de plata cincelada y burilada *(Colección Agrupación Tradicionalista Cacique Yancamil)*.

Typical *araucano* stirrup, arch-shaped and with a safe entrance. In the core, a human figure can be seen, while the stirrup leathers are rectangular and made in chiselled and engraved silver (*Colección Agrupación Tradicionalista Cacique Yancamil*).

sobrepuesto de terciopelo o cuero de ciervo.

Sin embargo, en el último tercio del siglo XIX el lomillo cayó en desuso en la llanura pampeana y fue reemplazado por los bastos separados sin arzones. Según algunos estudiosos de las tradiciones gauchas, el lomillo disminuyó su popularidad porque el gaucho fue dejando progresivamente de usar el recado como cama y, en consecuencia, no llevaba tantas bajeras o matras, lo que terminaba maltratando el lomo del caballo. Para otros, el motivo consistió en la necesidad de separar los bastos para adaptarlos a los lomos más anchos de los caballos criollos mestizados con razas pesadas de tiro, en especial los percherones de origen francés, incorporados en esa época a la vida rural pampeana. Sin embargo, en el resto del país continuó usándose, casi con exclusividad, y sólo con ligeras variantes, el recado enterizo de arzones generalmente altos.

Lo cierto es que para principios del siglo XX cada región de la Argentina poseía ya su apero característico. Entre los más importantes cabe citar al *basto* porteño, el *casco* cuyano, las *calchas* correntinas, el *sirigote* entrerriano y las variantes de aperos salteño, cordobés y patagónico.

Además de los certámenes, es posible apreciar aperos de diferentes regiones en el *Museo José Hernández*, de Buenos Aires, y muy especialmente, en el *Museo del Recado Yancamil*, en San Andrés de Giles, a poco más de cien kilómetros de la capital argentina. Ideado por la Agrupación Tradicionalista Cacique Yancamil y motorizado por don Horacio Daniel Ferrari (uno de los mayores expertos del país en el tema), el Museo resume en una lograda síntesis el cruce de culturas gaucha e india.

separate *bastos* without *arzones.* According to some experts of the *gaucho* tradition, the *lomillo* lost its popularity because little by little *gauchos* stopped using the saddle as a bed and, consequently, did not carry so many *bajeras* or *matras* (blankets), which ended up damaging the horse's back. According to others, the reason was that *gauchos* needed to separate the *bastos* in order to fit them into the wider chests of the *criollo* horses that had been mixed with draught breeds, especially the French *Percheron,* included back then into the rural life of the *Pampas.* However, throughout the rest of the country, the original model with high *arzones* continued to be used, almost exclusively, and with only a few changes.

The truth is that in the beginning of the 20th century, each region in Argentina had its own characteristic *apero.* Among the most important, it is worth mentioning the *basto porteño,* the *casco cuyano,* the *calchas correntinas,* the *sirigote entrerriano* and the different types of *aperos* from the provinces of Salta, Córdoba and the Patagonia region.

Apart from the contests, it is possible to appreciate *aperos* from different regions in *José Hernández Museum,* in Buenos Aires, and specially in the *Museo del recado Yancamil,* located in San Andrés de Giles, a little more than a hundred kilometres away from the capital city of Argentina. Conceived by the *Agrupación Tradicionalista Cacique Yancamil* and started up by *don* Horacio Daniel Ferrari (one of the most important argentine experts in the field), the Museum achieves to display in a perfect manner the mixing of the *gaucho* and indian cultures.

Las espuelas conforman otro de los elementos del recado que más directamente reflejaban la escala social de su propietario. Las de este tipo, con rayos o de roseta, eran llamadas "lloronas", por el ruido que producían al caminar.

Spurs were another element of the *recado* that most reflected the owner's social status. This type, with rays or rosette-shaped were called "*lloronas*" (criers), due to the noise they produced when walking.

En la página anterior, una rastra de plata fundida y cincelada del siglo XIX. Además, yunta de monedas de plata del mismo siglo. Arriba: otra rastra similar del siglo XIX. Punzón: A. Daneri y hermano. *(Colección Museo de Arte Popular José Hernández)*. A la izquierda, un colgante con la imagen de la Virgen María. En la página siguiente, una rastra con monograma en oro y plata *(Colección privada Baldomero Braga)*.

On the previous page, a chiselled and melted silver *rastra*, dated from the 19th century. Also, link silver coins from the 19th century (*Colección Museo de Arte Popular José Hernández*). Top: melted and chiselled *rastra* with openwork, from the 19th century. Punch: A. Daneri & Bro. (*Colección Museo de Arte Popular José Hernández*). Left: a pendant with the image of the Virgin Mary. On the next page, *rastra* with a monogram in gold and silver (*Colección privada Baldomero Braga*).

Recado de bastos de pasadores chatos decorados con motivos florales con cabezada de trenza patria. A la derecha: detalle de los estribos porteños de suncho con estriberas de cuero crudo, pasadores redondos de plata y espuelas haciendo juego *(Colección Agrupación Tradicionalista Cacique Yancamil)*.

Recado de bastos de pasadores chatos with a flower pattern and native plaited headstall. Right: details of the *porteño* bracket stirrups with raw leather stirrup straps, silver round slides and spurs (*Colección Agrupación Tradicionalista Cacique Yancamil*).

A la izquierda: espuelas de plata tipo nazarenas de arco liso y cincelado con motivos florales y azotera de cuero crudo trenzado. A la derecha: detalle de un recado de bastos. El facón caronero tiene cabo de plata y el poncho es de origen inglés *(Colección Agrupación Tradicionalista Cacique Yancamil)*.

Left: silver spurs, *nazarena* type, with plain arch and chiselled with a flower design and plaited raw leather whip. Right: detail of a *recado de bastos*. The *facón caronero* has a silver handle, and the *poncho* is from England *(Colección Agrupación Tradicionalista Cacique Yancamil)*.

Encimeras y cinchas de cuero crudo realizadas por punzones de distintas talabarterías o por artesanos expertos. Para la elaboración de estos elementos se utiliza cuero curtido (suela, vaqueta y badana), cuero crudo o cuero sobado.

Raw leather tops and girths done by punches from different saddleries or expert artisans. For the manufacturing of these elements, tanned hide (sole, cowhide and sheepskin), raw or worn leather is used.

En las páginas anteriores, un recado de bastos porteños de soga apoyado sobre un magnífico poncho araucano chileno, con tres guardas de laboreo. A la izquierda: detalle del mismo apero. A la derecha: recado de pasadores con cincha de cuero crudo *(Colección Agrupación Tradicionalista Cacique Yancamil)*.

On the previous pages, a *recado de bastos porteño de soga* on a magnificent *poncho araucano* from Chile, with three engraved outer ribs. Left: detail of the same *apero*. Right: *recado de pasadores* with raw leather girth (*Colección Agrupación Tradicionalista Cacique Yancamil*).

3. Las pilchas del gaucho

La denominación *pilchas* abarca tanto a las prendas de vestir del gaucho como al apero. Alguien "bien empilchado" es indistintamente una persona que usa buena ropa o que tiene un apero lujoso. Sin embargo, en este capítulo nos ocuparemos solamente de la ropa gauchesca más característica y de algunos de sus accesorios.

De abajo hacia arriba, el calzado más clásico del gaucho era la bota de potro, un tubo de cuero crudo enterizo, sin costuras, que ajustaba pierna y pie. Se hacía con la piel de las extremidades posteriores de burras, potros o vacas, con cuero de gato montés o con las patas traseras del puma o yaguareté. Era la preferida para el trabajo rural diario y, muchas veces, tenía la punta agujereada para que asomaran los tres dedos mayores del pie, lo que servía para "agarrarse" al estribo. Con el tiempo, la bota de potro dejó paso a la alpargata, traída a la Argentina por los vascos en el primer tercio del siglo XX. Esta especie de zapatilla fabricada en fuerte lona, con suela de cuerda de yute o cáñamo, muy liviana, sigue siendo hoy el calzado más popular en el campo. Para lucir bien, el gaucho usaba la llamada bota fuerte, de cuero curtido y de caña semidura, que cubría el pie y la pierna o parte de ella, similar a la clásica bota de equitación. A estas botas se le sujetaban las espuelas de plata.

A modo de pantalones, el gaucho lució primero un calzón, ajustado en las caderas y muslos, sin bolsillos y sin pretina en la cintura, que llegaba al borde inferior de

3. *Gaucho's* apparel

The word *pilchas* includes not only the clothes of the *gaucho* but also the *apero*. The phrase *"bien empilchado"* (well dressed) can be used for a person that is wearing good clothes as well as for someone who has a luxurious *apero*. However, throughout this chapter we will be only discussing the most characteristic clothes of the *gaucho* and some of its accessories. From bottom to top, the most typical footwear of *gauchos* were colt boots, consisting of an entire tube of seamless raw leather, that tighten leg and foot. They were made with the skin of the back parts of female donkeys, colts or cows, with wild cat leather, or with the back legs of pumas or jaguars. They were the preferred ones for daily rural work and, many times, the tip was open so that the three major toes came out, which allowed for a better grip to the stirrups. With the passing of time, colt boots were replaced by *alpargatas*, brought into Argentina by the Basques in the first third of the 20th century. This type of shoe made of a strong canvas, with jute or hemp cord sole and light-weighted, still today continues to be the most popular footwear in the countryside. In order to look good, *gauchos* used the so called strong boot, made with tanned hide and semi hard leg, which covered completely the foot and leg, or part of it, similar to the typical riding boot. Silver spurs were tightened onto these boots.
Instead of trousers, *gauchos* first used a *calzón*, tightened in the hips and thighs, without pockets or band in the waist, that reached down to the lower part of the knee.

Un lomillo chapeado con arzones de plata cincelados a la usanza de mediados del siglo XIX. Lleva matras de labor y tres caronas, una de pelo, una de suela y una de yaguareté. Completan este conjunto un cojinillo de hilo y sobrepuesto de felpa bordado. Se observa el detalle del cuchillo caronero *(Colección privada Jorge Daniel Cabrera)*.

Metal-plated *lomillo* with chiselled silver *arzones*, as used in the middle of the 19th century. Also, crafted *matras* (blankets) and three *caronas* (fenders), made in fur, sole and jaguar leather. Completing the set, a thread *cojinillo* (cushion) and an embroidered plush *sobrepuesto* (cover) together with a *caronero* knife (*Colección privada Jorge Daniel Cabrera*).

la rodilla. El calzón tenía a los costados un corte que se podía cerrar con botones pero que solía llevarse abierto, por donde salía el calzoncillo. Este corte y el borde inferior a veces llevaban bordados. Con el paso de los años, el calzón cayó en desuso, reemplazado por el *chiripá*, un rectángulo de tela o lana que cubría caderas, muslos y piernas.

Los primeros en usar *chiripá*, a fines del siglo XVIII, fueron los indios guaraníes catequizados en las misiones jesuíticas, cuyos sacerdotes tuvieron que improvisar esta prenda para cubrir a los aborígenes, acostumbrados a andar semidesnudos, lo que no comulgaba con la moral católica. Colocado entre las piernas como un pañal, el *chiripá* fue en principio un poncho o medio poncho de telar, por lo que tenía flecos y era estampado con rayas y varios colores. El gaucho solía llevar bajo el *chiripá* un calzoncillo cribado. Éste era ancho, para trabajar cómodamente, se adornaba con flecos, cubría la bota de potro y estaba confeccionado con tela de lino o algodón. Se unía por medio de una presilla a la camisa, para que ambas prendas quedaran unidas. Para trabajar en el campo también se vestía una prenda llamada *culero*, un cubrecaderas de cuero curtido de carpincho o ciervo, rectangular, que se fue transformando en una especie de delantal largo hasta los tobillos, que protegía los muslos de los gauchos en ciertas faenas.

Finalmente, el *chiripá* fue suplantado por la más funcional bombacha, cuya vigencia persiste; son unos pantalones anchos, cómodos y resistentes, que serían el equivalente pampeano del *jean* del Oeste estadounidense. Como detalle de elegancia, cuando se usan alpargatas se deja desprendido el botón de la botamanga de la bombacha, para cubrir así por completo el pie.

The *calzón* had a cut on both sides that could be sealed with buttons, although it used to be worn open and letting the underpants show from beneath. This cuts and the lower ends were sometimes embroidered. With the passing of the years, the *calzón* fell in disuse and was replaced by the *chiripá*, a rectangle of fabric or wool that covered hips, thighs and legs.

The first ones to use *chiripás*, in the end of the 18th century, were the *Guaraní* indians evangelised in the Jesuitical Missions. Priests had to improvise this piece of clothing in order to cover the aborigines, who were used to be semi naked, fact that did not correlate with the catholic moral. Put between the legs like a diaper, *chiripás* were at first some sort of loom *poncho* or *"half a poncho"*; this is why it had fringes and was striped and made in many colours. *Gauchos* used to wear sieving underpants beneath the *chiripá*. These were loose, so as to provide comfort while working, decorated with fringes and they covered the colt boots. They were made with linen or cotton and fastened to the shirt, so that both pieces were joined making up only one. Another garment called *culero* was used to work in the farms. This covered the worker's hips and was made of capybara or deer tanned hide. It was rectangular, and it developed until becoming some sort of long apron that reached the ankles and protected the *gaucho's* thighs when carrying out particular tasks.

Finally, *chiripás* were replaced by the more functional *bombacha*, which is still used nowadays. They are like loose trousers, comfortable but resistant. They can be said to be the *Pampas* equivalent to the Western jeans of the United States. As a detail of elegance, when they are used with *alpargatas*, the buttons on the cuffs are let loose so that the *bombacha* covers completely the feet.

En el torso, el gaucho se ponía primero una camisa, de tela de algodón o de lino, con cuello tipo blusa y mangas anchas. La pechera, el cuello y los puños llevaban bordados de hilo de colores. Sobre la camisa se colocaba un chaleco, que originalmente llegaba hasta debajo de la cintura, era entallado y tenía bolsillos con tapa. La espalda se confeccionaba con una tela más liviana y de menor calidad, y el frente era de la misma tela de los calzones y la chaqueta, o de otra más fina –como seda o terciopelo–, con bordados o aplicaciones muy de estilo español. Se cerraba alto, con los botones superiores desprendidos. Con el transcurso del tiempo, el chaleco se acortó, se hizo más práctico y reemplazó al saco y la chaqueta, poco apropiados para el trabajo rural. Hoy, los más codiciados son los fabricados con cuero de carpincho.

Sobre el chaleco iba la chaqueta, de tela bayeta o pana, y a veces con el cuello de diferente color que el resto. Tenía pequeñas solapas y bolsillos laterales bastante chicos y con tapitas. Comenzó a usarse en el siglo XVIII; primero fue bastante larga y ceñida a la cintura, pero para mayor comodidad al cabalgar se acortó hasta la cintura.

A modo de cinturón, el gaucho usaba y usa una faja, de lana o algodón, de seda en su versión lujosa, de 10 a 12 centímetros de ancho y con flecos. De variados motivos y colores, se enrolla a la cintura de derecha a izquierda y se deja colgar una de las puntas, que descansa sobre el muslo derecho. También se utilizaba el tirador, un cinto ancho de cuero fino o de una tela resistente, adornado con bordados, que tenían bolsillos con tapas cerrados con monedas. Este cinturón llevaba en el frente grandes monedas o chapas de metal y en los

On their chest, *gauchos* wore a shirt, made of cotton or linen, with a blouse-like collar and loose sleeves. The front, collar and cuffs were embroidered with colour flosses. Over the shirt they used a tight vest with flap pockets, that originally went down to the waist. The back part was made in a lighter and cheaper fabric, whereas the front part was done in the same fabric that the underpants and vest, or even in a finest one (such as silk or velvet), and it had Spanish-style embroideries and details. It had a long line of buttons, but the first ones used to be worn loose. With the passing of time, the vest became shorter, more practical and replaced the cardigan together with the jacket, which were unsuitable for rural work. Nowadays, the most popular are the ones made of capybara leather.
Over the vest, *gauchos* wore a jacket, made of baize or corduroy, which sometimes had the collar done in a different colour from the rest. It had little lapels and quite small side pockets with flaps. It started to be used in the 18th century; at first it was worn quite long and tightened onto the waist, but later on, in order to make it more comfortable for riding, it was shortened.
Onto their waist, *gauchos* used to and still wear a *faja* (wide belt), made of wool or cotton, or silk if a luxurious one, which is 10 to 12 centimetres wide and has fringes. It is done in many colours and different patterns and it is worn rolled up on the waist from right to left with one end loose falling over the right thigh. *Gauchos* also used to wear a *tirador*, a wide belt made in fine leather or a resistant fabric, embroidered, and with flap pockets closed with coins. These belts had big coins or metal disks on the front, and the ends had button holes that allowed for the fastening of the *rastra*. *Rastras* replace the buckle of the belt or *tirador*, and in some cases, they are considered a

Juego chapeado compuesto por cabezada, fiador, freno con copas, riendas y menea realizado todo en plata pura, con características propias de la orfebrería pampa *(Colección privada Jorge Daniel Cabrera).*

Silver-plated *Pampa-style* bridles made up of headstall, safety catch, bit with disks, reins and *manea* (*Colección privada Jorge Daniel Cabrera*).

Detalle de estribos de hierro con estriberas tejidas con tientos de potro, pertenecientes a un basto antiguo de soga, que se distingue del más moderno porque utilizaban matras, no mandiles, y eran más largos tanto de lomo como de faldas *(Colección privada Patricio Digilio)*.

Detail of iron stirrups with plaited colt leather strings stirrup straps. They belonged to an old *basto de soga*, that is different from the modern one in that *matras* (blankets) were used instead of cloths, and it was wider and with longer skirts (*Colección privada Patricio Digilio*).

extremos tenía unos ojales que servían para abrochar la *rastra*. Ésta reemplaza a la hebilla en el cinto o tirador y en algunos casos adquiere status de obra de arte: consiste en una chapa de plata u oro, de diversas formas, con grabados, calados y dibujos únicos para cada rastra. De hecho, este elemento es tan personal para el gaucho que muchas veces lleva el monograma o el nombre completo del dueño. La variedad de *rastras*, tanto en tamaño como en calidad, es enorme.

Entre los accesorios más característicos de la vestimenta gauchesca están los pañuelos y los sombreros. Los pañuelos, cuadrados y grandes (hasta 85 centímetros de lado), siempre de colores vivos y telas livianas o sedas, reciben diferentes nombres según su uso. El *serenero* cubre la cabeza y se ata o anuda bajo el mentón, siempre bajo el sombrero, para proteger cabeza, orejas y nuca de la lluvia, el sol o el frío. La *vincha* es el pañuelo doblado, atado detrás de la cabeza, que sujeta el pelo. La *golilla*, por último, se pone alrededor del cuello, cubriendo hombros y espalda y se usa en el paseo, como adorno.

Los sombreros también poseen diferentes variedades. Hasta mediados del siglo XIX se usó bastante el gorro *frigio*, conocido vulgarmente en el campo como gorro de manga, que consistía en un tocado cónico de tejido o de tela. Luego se popularizó el *chambergo* o *gacho*, blando, de lana o fieltro, de alas anchas y copa regular, usado por el hombre de a caballo. Otros tipos son: *panza de burra*, llamado así por el cuero con el que se hacía; el *sombrero blanco de Cuzco*, de alas cortas, copa redonda, realizado en lana de llama o vicuña blanca y los *"pajillas"*, de paja, ideal para el verano. Más adelante, con la llegada de la inmigración vasca, tanto española como francesa, se impuso la boina, un gorro aplastado y redondo de tela de

work of art, consisting of a shield made of silver or gold, with different shapes, engravings, fretworks and unique drawings for each *rastra*. In fact, these pieces are so personal for *gauchos* that many times they are engraved with a monogram or the complete name of the owner. There is a wide variety of *rastras*, in different sizes as well as qualities.

Among the most characteristic accessories of the *gaucho's* clothing, we can found the scarves and the hats. Scarves, which were square, big (up to 85 centimetres per side), in bright colours and light fabrics or silk, are named according to their use. *Sereneros* cover the head, and are tied under the chin, always beneath the hat, to protect head, ears and back of the neck from rain, sun or cold. *Vinchas* are scarves when folded and tied at the back of the head to hold a person's hair. Finally, *golillas* are rolled up around the neck, covering shoulders and back and they are used as an adornment.

As regards hats, there are also several varieties. Until the middle of the 19th century, *frigios* (Phrygians) caps were widely used. They were commonly known in the countryside as *gorros de manga* (sleeve caps), and consisted of a conical headdress made of tissue or fabric. Afterwards, *chambergos* or *gachos* became popular. These were soft, done in wool or felt, with wide brims and regular crown, and used by horsemen. Other types of hats are: *panzas de burra* (female donkey's bellies), named after the leather used to manufacture them; *sombreros blancos de Cuzco* (white hats from Cuzco), with short brims, round crown, done in llama or white vicuna leather; and, finally, *pajillas*, made of straw, especially suitable for summer seasons. Years later, with the arrival of the Basque immigration, Spanish as well as

lana o tejido, que se ajusta a la cabeza y se lleva echado adelante o volcado sobre una oreja.

Pero sin dudas lo más llamativo del vestuario del gaucho –y también del indio– era el poncho, prenda hoy muy codiciada por los coleccionistas y por cuyos mejores exponentes se llegan a pagar fortunas de varios miles de dólares. El gaucho lo usó para abrigarse, aislarse de la lluvia, como bolsa de dormir, como carpa en campamentos improvisados y como protección en las peleas a cuchillo, en las que se envolvía el poncho en el brazo izquierdo para parar los ataques del facón enemigo. Un gaucho jamás se separaba de su poncho. Lo llevaba doblado al hombro o envuelto a la cintura y anudado a la izquierda, para que el nudo no le dificultase los movimientos de la mano derecha. Pero los mejores ponchos, es justo decirlo, salieron de telares indios.

El poncho se teje en lana, en una sola pieza, con una abertura para que pase la cabeza, y presenta diseños muy variados, algunos simples y otros muy complejos. Los expertos distinguen tres partes en un poncho pampa: el campo o superficie principal, las franjas o columnas y los bordes. Además, cada dibujo admite una interpretación. Por ejemplo, un campo negro significa nobleza; el rojo simboliza la sangre y el valor; los grafismos escaleriformes indican la ascensión de los espíritus protectores, y cada escalón representa una acción exitosa del portador.

Por último, no pueden dejar de mencionarse entre las pilchas del gaucho –y, una vez más, del indio– sus elementos de caza y pelea. Para cazar, en la llanura pampeana se utilizaban las boleadoras, ideales para atrapar desde ñandúes a ganado. Estas bolas, de piedra o metal, normalmente en juegos de a tres, se llevaban

French, *boinas* prevailed. These are flattened round caps, done in wool or tissue, used tightened to the head and leaned forward or over one ear.

However, beyond any doubt, the most characteristic piece of the *gauchos'* clothing, was the *poncho*. This garment is nowadays highly coveted by collectors, and the best exponents reach selling prices of several thousand dollars. *Gauchos* used them to wrap up warm, to be protected from the rains, as sleeping bags, as tents if forced to improve a camp, and to protect themselves in knife fights, where the *poncho* would be folded around the left arm so as to stop the enemy's attacks with it. A real *gaucho* never was separated from his *poncho*. He carried it folded over his shoulder or rounded up around his waist and tied on the left, so the knot would not prevent him from doing regular movements with his right hand. But the best *ponchos*, it is fair to say, came from indian looms.

Ponchos are weaved in wool, making up only one piece, and a hole is done to let the head go through it. There are many designs, some really simple and others very complex. Experts distinguish three parts in a *Pampas poncho*: the field or main surface, the strips or columns and the borders. Besides, each drawing allows for a different interpretation. For example, a black field means honesty, a red one symbolizes blood and courage, stair-wise handwritings show the ascension of the protective spirits, and each step represents a successful action of the bearer.

Finally, regarding the *gauchos'* –and, once again, the indians'– clothing, their hunting and fighting elements should not be left out. Hunting in the *Pampas* plains was mainly carried out with *boleadoras*. These were ideal for the capturing of rheas or livestock. These balls, made of

El acercamiento al apero revela en su plenitud el trabajo artesanal que implicaba cada una de las piezas que lo componían, tanto en la suela como en las sogas, las matras de lana o los detalles en metal. Por supuesto, las versiones más populares carecían de tanto despliegue.

Getting closer to the *apero* completely reveals the craft work that each piece of it implied, not only in the sole but also in the ropes, the wool *matras* (blankets) or the details in silver. Of course, the most popular designs were not so fancy.

Un lomillo porteño de sogas donde se aprecia un sobrepuesto de ñandú. El sobrepuesto o sobrepellón va sobre el cojinillo y sirve para que el jinete cabalgue más cómodo, especialmente en los viajes largos o al montar muchas horas por día *(Colección privada Jorge Daniel Cabrera).*

Lomillo porteño de sogas with a rhea *sobrepuesto* (cover). The *sobrepuesto* or *sobrepellón* (cover) was put on the *cojinillo* (cushion) so as to make the horseman more comfortable when riding, especially in long trips or when spending many hours on horseback (*Colección privada Jorge Daniel Cabrera*).

ceñidas a la cintura. Charles Darwin, tras su viaje a Sudamérica, escribió: *"El gaucho tiene en la mano la más pequeña de las tres bolas y hace dar vueltas a las otras dos en torno a su cabeza y, luego de haber apuntado, la lanza, yendo las bolas, a través del espacio, dando vueltas sobre sí mismas como las antiguas balas de cañón unidas por una cadena. Así que las bolas tropiezan con un objeto, cualquiera que sea, y se enrollan alrededor de él entrecruzándose fuertemente".*

También resultaba imprescindible el lazo, una trenza redonda de dos, tres, cuatro y hasta ocho tientos, de diecisiete a veinte metros de largo y con una argolla de hierro en un extremo. Su correcto uso resultaba mucho más complejo que el de las boleadoras y era similar al del rodeo *cowboy*.

Para pelear, aunque también para comer, el gaucho llevaba cuchillos. El más popular es el facón, un cuchillo grande, puntiagudo, recto y a veces de doble filo. Entre la empuñadura y la hoja tenía una especie de cacha en forma de "S" o de medialuna. Se llevaba en la bota o en la cintura sobre los riñones, con el mango asomando a la derecha, excepto el llamado *facón caronero*, más largo, casi un espadín, que se transportaba entre las caronas del recado y quedaba siempre sobre el caballo. Otros preferían dagas, un arma blanca de dos filos, más angosta que el facón. Se diferencia del facón en que es más angosta y no posee la pieza curvada que separa la empuñadura del gavilán (el filo). Pero más allá de la clase de cuchillo preferida por cada uno, todos se ocuparon de trabajar empuñaduras y vainas con mucho cuidado. Así, el arte reflejado en los cuchillos criollos es una de las muestras más acabadas de la maestría alcanzada por la platería argentina.

stone or metal, were generally three and they were carried firmly fastened onto the waist. Charles Darwin, after his trip to South America, wrote: *"The* gaucho *holds in his hand the smaller of the three balls and makes the other two go round over his head, and, after having aimed, throws it away, making the others go together with it, twirling in the space, just like antique cannon balls joined by a chain. Then the balls come across an object, of any kind, and get all tangled up over it."*

Another essential garment was the lasso, a round plait with two, three, four or even up to eight strings, and seventeen up to twenty meters long, with an iron ring on one end. Using it properly was a little more complicated than using *boleadoras*; it was similar to the cowboy rodeo.

Gauchos used to carry knives not only for fighting but also for eating. The most popular one is the *facón*, a straight sharp-pointed big knife, which sometimes was double-edged. Between the handle and the blade, the *facón* had a sort of *cacha* (shield that covers the handle) in the shape of an "S" or croissant. It was carried into the boot or onto the waist over the kidneys, with the handle sticking out to the right. The *facón caronero* was longer, almost like a dress sword, and was carried among the *caronas* (fenders) of the saddle and rested on the horse. Others preferred daggers, which were double-edged knives and narrower than the *facón*. The difference between a dagger and a *facón* is that the first one is narrower and does not have the curved part that separates the handle from the blade. But, whatever the kind of knife preferred by each, all of them worked thoroughly on handles and blades. Thus, the art that is reflected on *criollo* knives is one of the finest samples of the mastery reached in Argentine silverwork.

Un majestuoso ejemplar de lomillo con arzones de plata escoltado por un poncho ranquel. Juego chapeado compuesto por cabezada, fiador, freno y riendas de plata, cuchillo caronero, rebenque de argolla, estribos porteños y boleadoras de marfil y plata. Toda la talabartería y platería fue realizada por el punzón de Patricio E. Digilio. *(Colección privada Patricio Digilio).*

Majestic sample of a *lomillo* with silver *arzones* accompanied by a *poncho ranquel*. Silver plated set made up of: headstall, safety catch, bit and reins, *caronero* knife, ring riding crop, *porteño* stirrups and ivory and silver *boleadoras*. The saddlery as well as the silverwork was done by Patricio Digilio's punch (*Colección privada Patricio Digilio*).

La pasión por armar aperos consiste en encontrar y adquirir desde una pieza hasta el conjunto completo. Y las piezas pueden ser originales, como el estribo de la izquierda, o encargadas especialmente por el jinete. A la derecha, lomillo antiguo *(Colección privada Baldomero Braga).*

Passion in the design of *aperos* goes from finding and acquiring only one garment to getting the whole set. And each piece may be original, like the stirrup on the left, or specially ordered by the horseman. Right: old *lomillo* (*Colección privada Baldomero Braga*).

Colección de antiguos estribos y espuelas, algunas de ellas de plata, pampas o de hierro. Además, estribos de plata pequeños para niños y de bronce, como los que utilizó el general San Martín *(Colección privada Baldomero Braga).*

Gathering of old stirrups and spurs: silver, iron or *pampas*. Also, small silver stirrups for children or bronze stirrups, like the ones used by general San Martín (*Colección privada Baldomero Braga*).

Recado completo de bastos de pasadores chatos. Se destaca por los detalles de trenzados y esterillados de finísimos tientos y su combinación con bombas y pasadores de plata (Colección Agrupación Tradicionalista Cacique Yancamil).

Complete *recado de bastos de pasadores chatos*. It stands out due to its plaiting and wicker work with very thin strings and its combination with silver slides (*Colección Agrupación Tradicionalista Cacique Yancamil*).

Gauchos, indios y caballos escribieron juntos la historia argentina y forjaron una tradición que constituye uno de los pilares de la identidad del país.

Gauchos, indians and horses wrote together Argentine history and built a tradition that constitutes one of the pillars of the country's identity.

Bibliografía utilizada para esta obra: *Yancamil… el último grito ranquelino*, Fundación Ferrari; *El apero criollo, arte y tradición*, Editorial Vega & Eguiguren; *Equitación gaucha en la Pampa y Mesopotamia*, de Justo P. Sáez (h); www.soygaucho.com; www.tradiciongaucha.com.ar; www.artegaucho.com.ar.

Bibliography used for this work: *Yancamil…el último grito ranquelino*, Fundación Ferrari; *El apero criollo, arte y tradición*, Editorial Vega & Eguiguren; *Equitación gaucha en la Pampa y Mesopotamia*, de Justo P. Sáez (h); www.soygaucho.com; www.tradiciongaucha.com.ar; www.artegaucho.com.ar

MW01635649

HUGO DÉCOUVRE
LE POT

Hugo joue dans sa chambre, mais comme cette couche est gênante. Elle est inconfortable et serrée. Et comme c'est pénible quand elle est mouillée.

Le papa de Hugo et les autres grands enfants n'utilisent pas de couches : quand ils ont mal au ventre ou qu'ils doivent faire pipi ils courent aux toilettes. Et dans les toilettes il y a les WC : mais comment on fait pour les utiliser ?

Voici les WC, grands et blancs. Trop grands : Hugo n'y arrive toujours pas. Alors comment doit-il faire pour enlever la couche ?

Papa Ours est arrivé et une surprise a apporté. Hugo ouvre son cadeau : qu'est-ce qu'il y aura de beau pour lui ?

Un pot en forme d'abeille : voici le cadeau pour Hugo qui peut maintenant enlever sa couche et s'asseoir sur le pot.

Qu'il est beau ce pot en forme d'abeille ! Mais comment l'utilise-t-on? Hugo s'assied comme Papa Ours : mais il ne se passe rien avec la couche !

Aïe aïe Hugo , ton ventre te chatouille pendant que tu joues ! Serait-ce l’heure d'utiliser le pot?

Ne t'inquiète pas Hugo , Papa Ours sait comment faire ! Si ton ventre te fait mal, dépêchons-nous, le pot nous attend !

SUGAR

Attend Hugo , enlève d'abord ta couche ! Comme ça maintenant tu peux enfin utiliser le pot !

Hugo est maintenant sur le pot : mais qu'est-ce qu'il faut faire ? Hugo ne le sait pas ! Il faut appeler Papa Ours à nouveau !

Hugo court vers Papa Ours, mais trop vite. Sans couche et sans pot, comment on fait ? Un peu de pipi lui a échappé !

Ne pleure pas Hugo : Papa
Ours rigole, tout est ok.
Hugo essaie à nouveau
d'utiliser le pot : et cette
fois ce sera vraiment aisé

Hugo n'a pas peur et retourne sur le pot. Il baisse sa couche et le tour est joué. Papa Ours lui tient la patte.

Hugo est sur le pot et fait pipi sans sa couche. Bravo, comme les grands ! Hugo est heureux sur son petit pot.

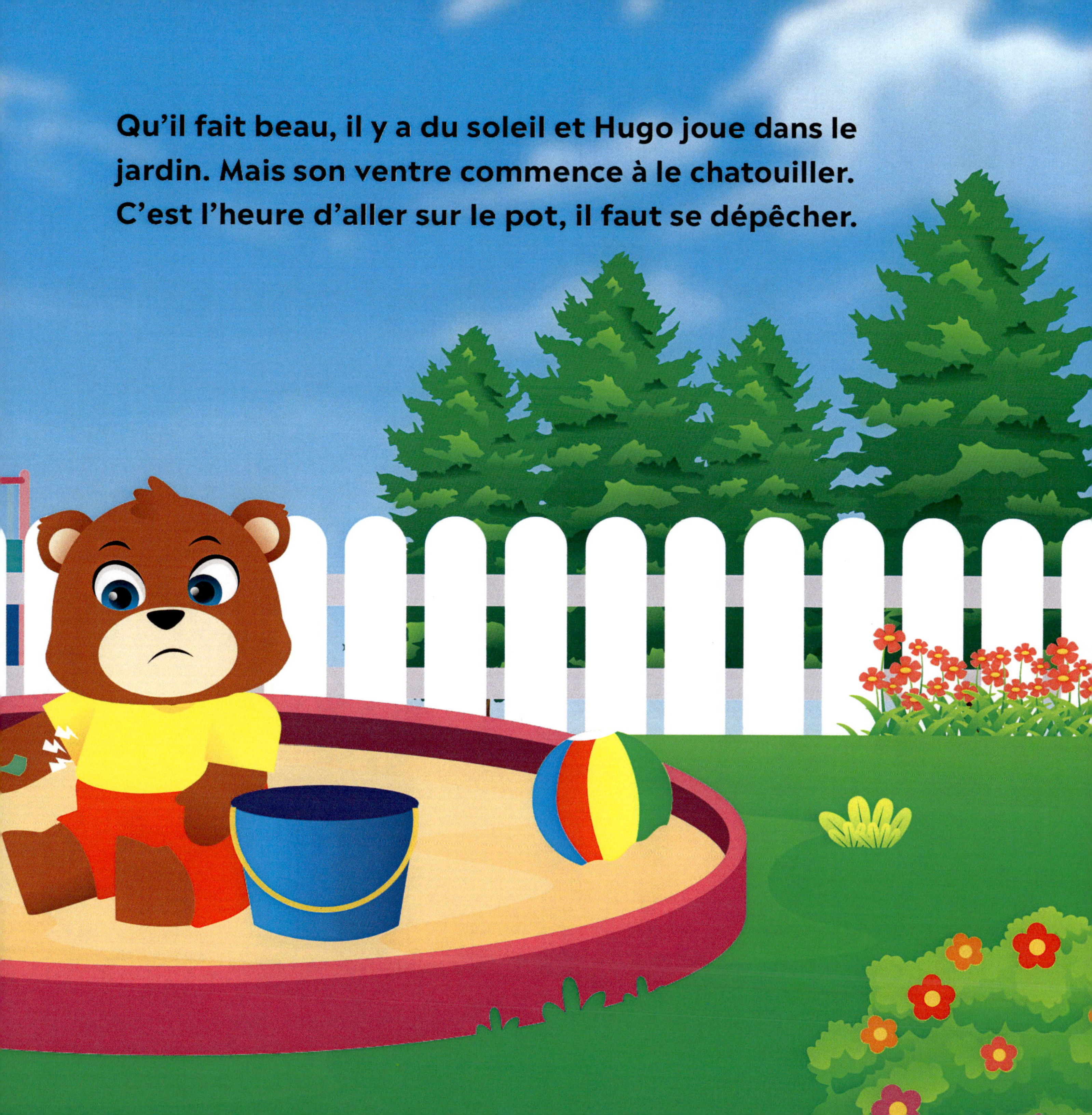

Qu’il fait beau, il y a du soleil et Hugo joue dans le jardin. Mais son ventre commence à le chatouiller. C’est l’heure d’aller sur le pot, il faut se dépêcher.

Bravo Hugo ! Il est arrivé à temps sur le pot. Maintenant, il n'a plus besoin de couche quand il fait pipi et que son ventre lui fait des guilis.

Voilà, Hugo peut maintenant utiliser du papier toilette quand il est sur le pot. Il en faut peu et il sera propre illico presto.

Bravo Hugo , il a tout fait dans le pot ! Vraiment comme les grands, il n'a plus de couche !

Et Hugo n'oublie pas de laver ses petites pattes. De l'eau et du savon et il retourne jouer avec hâte.

Hugo a appris à utiliser le pot, désormais plus de couches à porter. Alors petit bonhomme, tu es prêt ? Le pot t'attend!

Manufactured by Amazon.ca
Acheson, AB